8° V pièce
19608

AF459355

Magnétos Lavalette

LAVALETTE & Cie

[illegible] constructeurs

[illegible] de Choisy

PARIS

[illegible] | Adresse télégraphique :
[illegible] | [illegible]

« *L'Aviation périclitera en France, le jour où les avions ne présenteront plus de danger pour les pilotes* ».

Général ROQUES.

« *Le Maître de l'air aura la confiance et l'enthousiasme, germes de la victoire : l'infériorité aérienne entraînera l'inquiétude et le doute, sources de la défaite* ».

Général HIRSCHAUER.

« *L'air, c'est toujours et partout le front* ».

Colonel GIROD.

Comment servir dans l'Aéronautique Militaire

4me Édition. — (Octobre 1918)

TABLE DES MATIÈRES

PRÉFACE

SOUS-SECRÉTARIAT D'ÉTAT
DE L'AÉRONAUTIQUE MILITAIRE

INSPECTION GÉNÉRALE DES ÉCOLES
et des
DÉPOTS D'AVIATION
2, Rue Saint-Thomas-d'Aquin, 2

Tél. : FLEURUS 02-23
» 02-24
» 02-25

Paris, le 15 Septembre 1918

Mon cher Le Grand,

Le recrutement de nos Elèves-Pilotes, et plus généralement, de tout le personnel de l'Aéronautique, est d'une importance capitale dans notre œuvre.

Vous vous employez à le faciliter. Je vous en remercie.

Je sais depuis longtemps quel intérêt vous portez à nos efforts et à notre arme.

Soyez tranquille : elle vaincra.

A vous.

Colonel GIROD.

La Cinquième arme
terminera la Guerre

Ceci pour les Jeunes

Pourquoi la *cinquième* arme ?

Parce que les différentes armes qui existaient avant l'Aviation étaient au nombre de quatre : l'Infanterie, la Cavalerie, l'Artillerie et le Génie.

***

Lorsque l'Aviation Militaire fit ses premiers pas, elle ne fut en aucune façon secondée par les Pouvoirs publics ; on n'obtint jamais les crédits nécessaires réclamés chaque année par ses dirigeants, pour lui procurer l'ampleur qu'elle nécessitait.

Le 21 Décembre 1911, H. Desgrange, directeur de « l' Auto », présentait au public mon idée des Avions Départementaux, qui consistait à recueillir dans chacun des départements français, les fonds nécessaires à l'achat d'un avion. (1)

M. J. Balsan, Président de la Ligue Nationale Aérienne, reprenant l'idée des Avions Départementaux, fondait le Comité National de l'Aviation Militaire, dont le sénateur Reymond, glorieusement tombé au champ d'honneur en lutte aérienne, devint le Président et M. A. Michelin le Trésorier.

La presse prêta son concours sans compter. On organisa des meetings, des conférences : des tracts furent lancés à profusion dans toute la France. Je m'efforçais moi-même de porter un peu partout, la bonne parole.

---

(1) Le terme *Avion* créé par C. Ader, désigne les Aéroplanes militaires, monoplans ou polyplans. (Décision du Général Roques, Directeur de l'Aéronautique Militaire 1912).

En un an on recueillait plus de quatre millions, ce qui permettait d'offrir à l'armée 94 avions, de créer 75 bourses de pilote, de bâtir des hangars et d'organiser des stations d'atterrissage.

Le battement des ailes de l'avion réveilla en France le patriotisme.

Malheureusement les crédits officiels ne furent pas en rapport avec l'importance que réclamait l'aviation, et quand la guerre éclata, quelques 120 avions répondirent à l'appel de la mobilisation d'Août 1914 !

*
* *

On s'est ressaisi depuis, et l'Aviation Militaire a progressé à pas de géant. C'est grande satisfaction pour moi d'écrire que durant les années de paix qui ont précédé l'effort brutal qu'on a réclamé d'elle, je m'étais fait un devoir de ne jamais insister sur les erreurs que ses dirigeants pouvaient commettre, parce que je me rendais compte des difficultés sans nombre qui à tous instants paralysaient leurs difficiles travaux : l'Aviation Française est aujourd'hui à la hauteur de la tâche qui lui est journellement imposée.

*
* *

La cinquième arme, a-t-on dit, terminera la guerre : c'est exact.

Avant que la plus sanglante des Révolutions ne renverse les Hohenzollhern, en châtiant comme il le mérite, les responsables militaires et civils de cette barbare Germanie, les Boches connaîtront sous peu les horreurs des bombardements aériens.

Depuis 1815, depuis plus d'un siècle, la majeure partie de ces bourreaux ignorent chez eux, les effets meurtriers d'un obus ou d'une bombe. De terribles représailles vengeront dans leur pays, nos vieillards, nos femmes, nos enfants tués dans les villes ouvertes, vengeront nos blessés et nos infirmières massacrés sans pitié contrairement aux lois de l'humanité, vengeront nos prisonniers martyrisés, vengeront nos proches ou nos amis emmenés en esclavage et vengeront la destruction sauvage de nos transports, de nos foyers et de nos gloires architecturales.

La cinquième arme, chargée de nos représailles deviendra la première ; elle sera la plus terrifiante, la plus meurtrière et la plus vengeresse. A nos avions il appartiendra de laisser chez ces barbares un souvenir profond de terreur indescriptible : réponse justifiée aux abominables horreurs que leurs brutes de soldats ont commises en Belgique et dans l'Est quand ils nous ont assailli, et qu'ils ont depuis continué, en perfectionnant les engins de torture et de destruction.

Et leur *vieux bon Dieu* n'empêchera pas que la justice humaine suive son cours.......

*
* *

A vous jeunes Français, qui briguez l'honneur d'appartenir à la cinquième arme, incombera la tâche souvent périlleuse de ces représailles.

Vous saurez remplir les missions à vous confiées avec toute la fougue de votre patriotisme : vos avions seront tellement nombreux que comme les javelots des Grecs, ils obscurciront le soleil (1), et c'est à l'ombre de leurs ailes que « les merveilleux soldats de l'Entente libéreront les peuples, des dernières fureurs de la force immonde... » (2).

G. Le Grand.

Octobre 1918.

Rédacteur à L'AUTO et à EXCELSIOR

NOTE DE L'ÉDITEUR :

A la demande de nombreuses personnalités de l'Aéronautique Militaire, je fais paraître une nouvelle Edition de ma brochure, revue et augmentée. Je demeure à la disposition de tous, pour renseignements complémentaires.

G. LE G.

---

(1) Un Trachinien, voulant donner à Léonidas une haute idée de l'armée de Xerxès, lui dit que le nombre de leurs traits suffisait pour obscurcir le soleil : « Tant mieux répondit un Spartiate, nous combattrons à l'ombre ! »

(2) Clémenceau au Sénat, 17 Septembre 1918.

La Chambre Syndicale des Industries Aéronautiques

Siège social : rue Anatole de la Forge, 9 (Etoile)

Téléphone Wagram 09-63

AVANT LA GUERRE

Dès 1909, des fervents de la conquête de l'air se groupaient autour de M. Robert Esnault-Pelterie, pour fonder l'*Association des Industriels de la Locomotion Aérienne ;* le développement de ce groupement de précurseurs fut si rapide qu'il englobait bientôt la *Chambre Syndicale de l'Aéronautique* qui l'avait précédé : le titre de **Chambre Syndicale des Industries Aéronautiques,** fut définitivement adopté.

L'existence de la Chambre Syndicale s'affirma au premier Salon qu'elle organisa au Grand Palais, en Octobre 1909.

Chaque année, à l'automne, ce Salon permettait au monde entier d'admirer les conceptions et les réalisations nouvelles du génie français : la Chambre Syndicale contribuait ainsi à conserver à la France, cette suprématie de la conquête de l'air dont elle a le droit de s'enorgueillir.

PENDANT LA GUERRE

Si la Chambre Syndicale a apporté avant la guerre un concours efficace à l'industrie aéronautique, ses dirigeants n'ont pas voulu demeurer inactifs pendant les hostilités. Nous devons signaler notamment la tentative de « *standadisation* » des pièces détachées, que la Chambre Syndicale a organisée et qui permet à la cinquième arme, un ravitaillement rapide avec un minimum d'erreurs, assure aux constructeurs un approvisionnement de pièces soigneusement établies ; la Chambre Syndicale en prenant cette initiative, a rendu de très grands services à l'industrie aéronautique, d'autant que les prix par elle obtenus, sont inférieurs à ceux des fournisseurs habituels.

APRÈS LA GUERRE

Il serait présomptueux en ces moments, de parler de l'avenir : ce qui est certain c'est que la Victoire n'arrêtera pas les efforts de la Chambre Syndicale.

Son honorable président, M. Robert Esnault-Pelterie, si bien secondé par son secrétaire-général, M. Granet, ont mis à l'étude divers projets : on a jeté les bases d'une entente postale aérienne internationale, dont la réalisation assurerait du même coup l'utilisation de nombreux appareils, constituerait du travail pour les constructeurs et les ouvriers, stimulerait les recherches des ingénieurs, tout en venant en aide à une pléïade de pilotes.

Et puis, reviendront les Salons annuels de l'Aéronautique organisés par la Chambre Syndicale...

Demandes d'admission dans le Personnel de toutes catégories de l'Aéronautique Militaire

(23 Juin 1918).

A. — Zone de l'Intérieur.

I. — Aucune demande formulée par les militaires de tous grades de la zone de l'intérieur, pour être admis à un titre quelconque dans le personnel de l'Aéronautique Militaire, ne peut être arrêtée dans sa transmission (1). Toutes les demandes, sans exception, doivent être adressées et transmises en tous temps, directement et sans aucune exception (2), au Sous-Secrétariat d'Etat de l'Aéronautique Militaire (4e bureau), 208, boulevard Saint-Germain, par les Commandants des dépôts ou les chefs de services, sous les ordres desquels sont placés les intéressés (3)

II. — Documents à fournir par les intéressés :

a) Personnel navigant. — (Elèves-Pilotes, Observateurs (4), Mitrailleurs, Bombardiers, Canonniers) :

1. Demande de l'intéressé, conforme au modèle de l'annexe numéro 1 ;
2. Certificat médical de visite et de contre-visite établi conformément aux prescriptions de l'annexe numéro 2 ;
3. Etat signalétique et des services ;
4. Relevé des punitions ;
5. Notice du modèle de l'annexe numéro 3.

b) Personnel non navigant. — (Officiers, Sous-Officiers et Caporaux d'encadrement, Ouvriers en fer et en bois de toutes catégories, Conducteurs d'automobiles, Armuriers, Artificiers, Selliers, Bourreliers, Tapissiers, Voiliers, Cordiers, Vanniers, Photographes, Dessinateurs, Industriels, etc., etc.).

---

(1) Voir page 14.

(2) Toutefois, les demandes formulées par les militaires du service automobile devront être adressées au Ministre de la Guerre (3e direction, sous-direction du service automobile).

(3) Instruction du 18 Janvier 1916, sur la décentralisation administrative et la simplification des écritures et de la correspondance (*B. O. P. P.*, page 165).

(4) Recrutés en principe parmi les Officiers.

1. Demande de l'intéressé, conforme au modèle de l'annexe numéro 1;

2. Certificat médical de visite et de contre-visite indiquant si le candidat est apte ou inapte à l'arme à laquelle il appartient et, dans ce dernier cas, le détail des maladies, blessures ou infirmités le rendant inapte, avec indication de la durée probable de l'inaptitude;

3. Etat signalétique et des services;

4. Relevé des punitions;

5. S'il y a lieu, certificats professionnels permettant de se rendre compte des aptitudes du candidat à l'emploi qu'il sollicite;

6. Notice du modèle de l'annexe numéro 5.

B. — Zone des Armées.

I. — Les demandes de toutes natures formulées par les militaires de tous grades, de la zone des armées, pour être admis dans le personnel de l'Aéronautique comme Elève-Pilote, Observateur, Mitrailleur, Bombardier, Canonnier, Ouvrier en fer ou en bois de toutes catégories, Armurier, Electricien, Photographe et Dessinateur industriel (1) seront adressées, sans exception, par la voie hiérarchique, au Général commandant l'armée.

Les demandes seront annotées par le Commandant de l'Aéronautique de l'Armée, qui pourra, s'il le juge utile, faire convoquer l'intéressé en vue de le soumettre à un examen destiné à s'assurer qu'il possède les aptitudes voulues pour l'emploi sollicité.

Tous les dossiers qui seront favorablement annotés par le Commandant de l'Armée seront transmis au Général Commandant en chef.

II. — Documents à fournir par les intéressés :

Ces documents sont les mêmes que ceux énumérés à l'alinéa *a*) « Personnel navigant » et à l'alinéa *b*) « Personnel non navigant » de l'article II du paragraphe A ci-dessus.

C. — Documents abrogés.

Sont abrogées toutes les dispositions contraires à la présente circulaire, et notamment la circulaire du 20 Juin 1917, insérée au *Journal Officiel* du 5 Juillet 1917, page 5.139.

J.-L. Dumesnil.

(1) Les Photographes et les Dessinateurs industriels doivent appartenir aux classes 1905 et plus anciennes ou être du service auxiliaire.

ANNEXE N° 1

...ᵉ Région ou gouvernement militaire de .... Dépôt du ...ᵉ régiment de	Pour la zone de l'intérieur.
	........, le .... 191 .
...ᵉ régiment de............... ...ᵉ bataillon de............... etc., etc.	Pour la zone des armées.

Le (1)........................, classe (2)...................

à M. le Sous-Secrétaire d'Etat de l'Aéronautique (4ᵉ bureau),

ou

à M. le Général Commandant la ...ᵉ armée.

Je sollicite mon affectation, dans le personnel de l'Aéronautique Militaire, à titre de (3): ....

Avis motivé : du Chef de corps.
du Commandant du dépôt du ...ᵉ ....
du Chef de service.

NOTA. — A l'appui de la demande devront être joints les documents dont la production est prescrite par les alinéas *a*) ou *b*) de la circulaire ci-dessus.

ANNEXE N° 2

CONDITIONS D'APTITUDE PHYSIQUE
pour pouvoir être admis dans le personnel navigant de l'Aéronautique

L'aptitude à exiger du personnel navigant de l'aviation comporte, *en plus des conditions générales d'aptitude au service militaire, service armé,* les conditions particulières suivantes, étant précisé qu'aucun militaire du service auxiliaire ne peut être admis parmi ce personnel.

---

(1) Grade, nom et prénoms.
(2) Classe de mobilisation.
(3) Elève-Pilote, Observateur, Mitrailleur, Bombardier, Ouvrier en fer, etc.

1· Organe de la respiration et de la circulation :

Etat d'intégrité absolue.

2· Appareil visuel :

a) Une acuité visuelle normale, sans correction ;

b) Une vision binoculaire normale ;

c) Un champ visuel normalement étendu pour le blanc et les couleurs ;

d) Un sens chromatique normal.

L'examen relatif à l'appareil de la vision devra être pratiqué par un ophtalmologiste qualifié, toutes les fois que le médecin du corps ou du service ne sera pas en mesure de donner une appréciation sur le candidat.

3· Appareil auditif :

Une acuité auditive normale de chaque oreille, avec état d'intégrité de l'oreille moyenne et interne, et en particulier de l'appareil d'équilibration.

4· Rhino-pharinx :

Absence de toute lésion inflammatoire chronique.

5· Poids :

85 kilogrammes maximum pour les pilotes ;

75 kilogrammes maximum pour les Observateurs, Bombardiers, Mitrailleurs ;

Le poids s'entend, le candidat étant habillé, mais sans équipement.

Ces conditions d'aptitude physique sont requises avec moins de rigueur pour les candidats aux emplois de pilotes de dirigeables et pour les aéronautes.

ANNEXE N° 3

...e RÉGION ou gouvernement militaire de..... Dépôt du ...e régiment de........	Pour la zone de l'intérieur.
...e régiment de.................. ...e bataillon de.................. etc., etc.	Pour la zone des armées.

NOTICE DE RENSEIGNEMENTS

Concernant le (1)............................. qui demande à être admis dans le personnel de l'Aéronautique Militaire à titre de (2)....................

(1) Grade, nom et prénoms.

(2) Elève-Pilote, Observateur, Mitrailleur, Bombardier, Ouvrier en fer, etc.

Situation militaire (*a*).
Age du candidat.
Profession dans la vie civile.
Instruction générale (*b*).
Instruction militaire (*b*).
Instruction aéronautique reçue précédemment.
Antécédents sportifs (*c*).
Connaissances professionnelles.
Aptitudes à recevoir l'instruction sur le fonctionnement des appareils de *T. S. F.* (*d*).
Conduite et manière habituelle de servir.

..............., le 191

Le (3)..............

NOTA. — L'âge limite, au dessus duquel il ne sera fait aucune désignation dans le personnel navigant (pilotes), est fixé à 30 ans.

Pour l'Aviation et l'Aérostation Maritime, les demandes de candidats devront être transmises au Commandant de l'Ecole Saint-Raphaël pour l'Aviation, et au département (Direction de la Guerre Sous-marine, service aéronautique) pour l'aérostation, au fur et à mesure de leur établissement.

---

(3) Le Chef de Corps, le Commandant du Dépôt, le Chef de Service, etc.

(*a*) Pour un Officier, indiquer s'il est de l'active, de la réserve de l'armée active ou de l'armée territoriale, et s'il possède son grade à titre temporaire ou à titre définitif.

(*b*) Les commandants de dépôts, chefs de services, etc., mentionneront, en ce qui concerne les Elèves-Pilotes : 1. s'ils possèdent les connaissances exigées pour l'obtention du certificat d'études primaires ; 2. s'ils ont les connaissances pratiques du service en campagne, exigées des candidats caporaux ou brigadiers.

(*c*) Pour les candidats au personnel navigant seulement. Ces renseignements ayant une grande importance au point de vue de la désignation des candidats, doivent être aussi détaillées que possible.

(*d*) Pour les candidats au personnel navigant seulement.

Il est conseillé aux militaires qui demandent à passer dans la cinquième arme, au titre du personnel navigant, d'insister sur leurs antécédents sportifs, (football, cyclisme, natation, cross, etc...).

Engagements volontaires

Spécialistes de la Classe 1920

Admission par voie d'engagement volontaire, dans l'Aéronautique Militaire, de jeunes gens spécialistes appartenant à la classe 1920

(Mai 1918)

Le service de l'Aéronautique Militaire acceptera comme engagés volontaires, au titre du personnel non navigant, un petit nombre de jeunes gens de la classe 1920.

Les autorisations seront exclusivement accordées à des professionnels justifiant d'aptitudes manuelles utilisables (ouvriers en fer et en bois, chaudronniers, spécialistes de moteurs, électriciens, etc...)

Les demandes doivent être adressées au Sous-Secrétaire d'Etat de l'Aéronautique Militaire (4e bureau), 280, boulevard Saint-Germain, à Paris. Elles seront accompagnées de références (certificats des directeurs d'écoles ou d'usines, certificats professionnels, etc...) et devront donner l'indication de la date de naissance.

Les candidats pourront être convoqués dans un atelier de l'Etat, en vue d'y subir un essai pratique manuel.

Les jeunes gens autorisés à contracter un engagement dans les conditions qui précèdent, sont dirigés sur le dépôt du 1er groupe d'aviation, à Dijon, d'où ils sont envoyés dans les Ecoles d'aviation du territoire, puis dans les formations de l'aviation du front.

Les engagements sont consentis, d'après les demandes des candidats, pour la durée de la guerre, jusqu'au 28 Août 1918, et pour 4 ans à partir de cette date.

(Septembre 1918)

Un certain nombre de professionnels (ouvriers en fer et en bois, chaudronniers, électriciens, vanniers, tailleurs de ballons, cordiers) du contingent de la classe 1920 sera incorporé directement au titre du *personnel non navigant* dans les troupes de l'Aéronautique Militaire (Aviation et Aérostation).

Les trois groupes de l'Aéronautique sont :

Aviation. 1er groupe, Dijon ; 2me groupe, Lyon ; 3me groupe, Bordeaux.

Aérostation. 1er groupe, Saint-Cyr.

Toutes les écoles *civiles* d'aviation sont supprimées pendant la guerre.

MODÈLE DE LA DEMANDE :

Monsieur le Sous-Secrétaire d'Etat de l'Aéronautique Militaire et Maritime, 260, boulevard Saint-Germain, à Paris.

Je soussigné (nom, prénoms) de la classe 1920 (ou ajourné de la classe ....), domicilié à (indiquer le domicile légal), canton de (arrondissement pour les grandes villes), bureau de recrutement de .... résidant à (indiquer l'adresse) demande à être incorporé dans les troupes de l'Aéronautique Militaire, Aviation ou Aérostation.

J'exerce effectivement la profession de .... (indiquer ici les périodes d'apprentissage et de travail dans les différentes Ecoles, maisons et établissements où l'intéressé a travaillé).

J'effectuerai s'il y a lieu un essai professionnel dans l'Etablissement militaire qui me sera désigné.

Signature.

Classe 1921

Les dispositions qui précèdent ne concernent pas les jeunes gens de la classe 1921 ; ces derniers ne sont pas admis jusqu'ici par voie d'engagement dans les troupes de l'Aéronautique.

Les Engagements volontaires des réformés et dégagés d'obligations militaires.

Les militaires réformés définitivemet ainsi que les hommes dégagés de toute obligation militaire peuvent, en vertu de la loi Dalbiez, s'engager pour la durée de la guerre, dans l'aéronautique.

Adresser la demande au Commandant du Dépôt du Groupe d'Aviation ou d'Aérostation ou au Chef de l'Etablissement au titre duquel les intéressés désirent servir.

Ces engagements ne sont reçus, en principe, qu'au titre du personnel non navigant.

Les demandes d'autorisation d'engagement au titre du personnel navigant sont adressées au Sous-Secrétaire d'Etat de l'Aéronautique, à Paris, avec tous renseignements utiles tant sur la situation des candidats au point de vue militaire que sur leurs aptitudes à l'affectation demandée (élève-pilote, mitrailleur, bombardier en avion, etc.).

La notice de renseignements employée pour les demandes présentées par les militaires (annexe n° 3) peut servir de guide pour les renseignements à fournir en ce qui concerne les aptitudes.

Les autorisations d'engagement direct dans le personnel navigant ne sont accordées qu'à titre tout à fait exceptionnel, ce personnel étant recruté, par mesure générale, parmi les militaires sous les drapeaux.

Les Engagements des ajournés.

S'ils sont d'une profession *utilisable* dans les services de l'Aéronautique, les ajournés peuvent contracter un engagement pour la durée de la guerre, dans la cinquième arme, mais au titre de *service armé*.

Adresser la demande au Sous-Secrétaire d'Etat de l'Aéronautique, à Paris.

La demande doit préciser la situation au point de vue militaire et être appuyée de références permettant d'apprécier les aptitudes professionnelles.

Même observation que ci-dessus pour les demandes présentées exceptionnellement au titre du personnel navigant.

Affectations au Service de l'Aviation

(15 mars 1917)

« Les prescriptions de la circulaire du 31 mars 1916 (*Journal Officiel* du 5 avril, page 2814), relative à l'établissement et à la transmission des demandes d'affectation au Service de l'Aéronautique militaire, semblent avoir été perdues de vue.

« Il a été constaté, en effet, que des dossiers n'avaient pas été transmis par les Commandants de Dépôts ou les Chefs de Service.

« Il est rappelé que les demandes de toute nature, formulées par les militaires de tous grades, servant dans la zone de l'intérieur, en vue d'être admis, *à un titre quelconque*, dans le personnel de l'Aéronautique militaire, doivent, sans aucune exception, être transmises au Ministre de la Guerre, Direction de l'Aéronautique militaire (cabinet du directeur), par les commandants de Dépôts ou les Chefs de Service, sous les ordres desquels sont placés les intéressés.

« Ces transmissions se font directement, conformément aux prescriptions de l'instruction du 18 janvier 1917, sur la décentralisation administrative et la simplification des écritures et de la correspondance.

« Les candidats peuvent solliciter leur affectation soit dans le personnel navigant (élèves-pilotes, observateurs, mitrailleurs, bombardiers, canonniers), soit dans le personnel non navigant (officiers et sous-officiers d'encadrement, ouvriers en fer et en bois, électriciens, conducteurs d'automobiles, photographes, armuriers, artificiers, selliers, bourreliers, tapissiers, cordiers, vanniers, etc...).

(Décembre 1917)

Aucun pilote ne peut être affecté à l'une des formations d'aviation du Maroc, de la Tunisie, de l'Algérie et de la zone de l'intérieur (camp retranché de Paris, escadrilles côtières et D. C. A.) s'il n'a pas servi en qualité de pilote, pendant six mois au moins, dans une escadrille du front.

Affectations dans l'Aéronautique comme Officier d'Administration *à titre temporaire.*

(15 Septembre 1917, modifié par le rectificatif du 14 Mai 1918)

Art. 40. — Après un stage de quinze jours accompli sur l'autorisation du Sous-Secrétaire d'Etat de l'Aéronautique dans un établissement spécial de l'Aéronautique, pourront être nommés à titre temporaire au grade d'officier d'administration de 3e classe de réserve ou de territoriale soit comme officiers d'administration comptables, soit comme officiers d'administration contrôleurs de matériel les militaires désignés ci-après :

1° Les hommes de troupe du service auxiliaire des classes appartenant aux réserves.

2° Les exemptés et les réformés appartenant par leur âge à l'armée territoriale ou à sa réserve.

3° Les engagés spéciaux appartenant par leur âge à la réserve de l'armée active, à l'armée territoriale ou à sa réserve.

4° Les hommes appartenant aux classes dégagées de toute obligation militaire, qu'ils soient dans leurs foyers ou qu'ils se trouvent sous les drapeaux comme hommes de troupe en qualité d'engagés volontaires ou d'engagés spéciaux.

5° Les sous-officiers inaptes à faire campagne par suite de blessure ou de maladie contractée dans le service.

6° Les sous-lieutenants à titre temporaire et à titre définitif, inaptes à faire campagne par suite de blessure ou de maladie contractée dans le service.

7° A défaut des catégories qui précèdent, les hommes de troupe du service armé de la réserve et de l'armée territoriale.

Les demandes d'admission au stage provenant des candidats de la zone de l'intérieur seront adressées par ceux présents sous les drapeaux à leur chef de corps ou de service, par les autres au général commandant la région.

Ces demandes feront ressortir d'une manière précise la situation militaire de l'intéressé et les professions qu'il a exercées.

Elles seront envoyées par les Commandants de régions au Sous-Secrétariat d'Etat de l'Aéronautique (4e Bureau) qui désignera l'autorité chargée de constater l'instruction générale ou professionnelle des candidats, soit par la production des diplômes et titres universitaires de toute nature, soit par une épreuve écrite qui comportera outre les compositions visées à l'article 2, une composition élémentaire de mécanique pour les candidats Officiers d'Administration contrôleurs de matériel.

L'autorité militaire qui aura été chargée de constater l'instruction générale ou professionnelle des candidats fera constituer le dossier d'admission au stage qui comprendra, outre la demande :

L'extrait de l'acte de naissance (sur papier libre) ;

L'extrait du casier judiciaire N° 2 ;

Un certificat de visite médicale constatant que le candidat est apte à assurer physiquement, soit dans la zone des Armées, soit dans la zone de l'Intérieur, un service dans l'emploi qu'il sollicite ;

Une feuille de notes de leurs chefs hiérarchiques pour les candidats militaires ;

L'énumération des titres constatant les connaissances générales ou le résultat de l'examen visé ci-dessus ;

Une déclaration écrite aux termes de laquelle le candidat fera connaître qu'il n'est pas déjà en instance de nomination dans une autre arme ou service.

Les candidats de la zone des armées qui feraient l'objet de propositions sont dispensés de tout examen préliminaire ou stage ; leurs dossiers seront établis dans les mêmes conditions que ci-dessus.

Tous les dossiers dont il s'agit seront envoyés au Sous-Secrétariat d'Etat de l'Aéronautique (4e Bureau).

Les candidats admis au stage reçoivent du Sous-Secrétaire d'Etat un ordre de convocation. Ils restent, pendant la durée du stage dans leur situation antérieure sous le rapport de la solde et des diverses allocations et prestations.

Ils reçoivent en fin de stage de l'Officier directeur, des notes détaillées devant permettre de déterminer les affectations éventuelles à leur donner.

Les nominations à faire ne seront prononcées que si les stagiaires présentent les aptitudes nécessaires et au fur et à mesure de la constatation des besoins et de la possibilité de confier des emplois aux intéressés.

Les nominations à titre temporaire faites par application du présent article seront annulées de plein droit si l'Officier d'Administration ainsi nommé cesse, pour une cause quelconque, de pouvoir remplir un emploi dans le service de l'Aéronautique. Le militaire dont la nomination aura été annulée reprend de plein droit et sans qu'il y ait lieu à décision spéciale, la situation dans laquelle il se trouvait avant sa nomination à titre temporaire.

(15 Juin 1918)

La circulaire du 2 Novembre 1917, insérée au *Journal Officiel* du 5 Novembre, prescrivait qu'il ne serait plus transmis de demandes, le nombre de ces dernières étant, à ce moment, suffisant.

En raison de nouveaux besoins, des demandes pouvaient être adressées au Sous-Secrétaire d'Etat de l'Aéronautique Militaire et Maritime (4e Bureau) dans les conditions fixées par la circulaire du 15 Septembre 1917, c'est-à-dire pour les candidats présents sous les drapeaux, par la voie hiérarchique, pour les autres par l'intermédiaire du Général Commandant la Région.

Seules les demandes relatives à la nomination comme Officier d'Administration *comptable* pouvaient être transmises, mais avant le 15 Juillet 1918.

Il est possible que par la suite, de nouveaux besoins décident de nouvelles demandes.

INDEMNITÉS JOURNALIÈRES
accordées aux Troupes Aéronautiques

(Décret du 12 Mai 1912 et Circulaire du 31 Mars 1915)

Les indemnités accordées au personnel de l'Aéronautique Militaire, se subdivisent de la manière suivante :

1° Indemnité de fonctions (comportant 2 tarifs) à allouer aux aviateurs et aéronautes pourvus de certains brevets d'aéronautique, aux élèves aviateurs et aux militaires faisant dans un des Services de l'Aéronautique un stage comportant des vols en avion ou des ascensions en ballon dirigeable ou en cerf-volant.

2° Indemnités journalières d'aéronautique, à allouer aux militaires qui, n'ayant pas droit à l'indemnité de fonctions, sont appelés à exécuter des vols et ascensions de ce genre en service commandé.

3° Des primes journalières du service aéronautique réservées aux sous-officiers, caporaux, brigadiers ou soldats titulaires du brevet de mécanicien d'aéronautique.

1° *Indemnités de fonctions* (1).

GRADES	Indemnité de fonctions n° 1	Indemnité de fonctions n° 2
	fr. c.	fr. c.
Officiers	10 »	5 »
Adjudants et adjudants-chefs	5 »	2 50
Autres sous-officiers	4 »	2 »
Caporaux et soldats	2 »	1 »

2° *Indemnités journalières de service aéronautique.*

Mêmes taux que ci-dessus pour l'indemnité de fonctions n° 2.

3° *Primes journalières du service aéronautique.*

	fr. c
Adjudants et adjudants-chefs mécaniciens	3 50
Autres sous-officiers mécaniciens	3 »
Caporaux et brigadiers mécaniciens	1 50

(1) Les indemnités de fonctions N° 1 sont accordées aux pilotes et les indemnités N° 2, à tout le personnel navigant autre que les pilotes.

Les règles générales définissant les catégories du personnel de l'Aéronautique donnant lieu à de fausses interprétations, le Ministre de la Guerre vient d'arrêter la classification suivante :

Le personnel navigant comprend les pilotes, les observateurs, les mitrailleurs et les élèves de ces spécialités. Le personnel non navigant est composé de tous les militaires non compris dans la première catégorie. *(Oct. 1918).*

ALLOCATIONS SPÉCIALES

Circulaire relative aux allocations spéciales au service de l'Aéronautique à attribuer aux militaires de l'Aéronautique Militaire à l'hôpital, en convalescence ou en permission.

La présente circulaire a pour but, de préciser les règles d'allocation des indemnités de fonctions, spéciales au service aéronautique ou de service extraordinaire allouées aux personnels navigants de l'Aéronautique (officiers ou hommes de troupe de toutes catégories) de la zone des armées ou de la zone de l'intérieur pendant la durée de leur séjour à l'hôpital, pendant leur convalescence (congés ou permission) ou pendant les permissions de toute nature qui leur sont accordées.

A. — *Militaires ayant droit pour une période déterminée à l'indemnité de fonctions n° 1 ou à l'indemnité de fonctions n° 2 spéciale au service de l'Aéronautique (pilotes d'avions ou de dirigeables, mécaniciens de dirigeables, élèves-pilotes d'avion, observateurs titulaires, mitrailleurs-bombardiers brevetés, observateurs en ballon captif classés).*

1° Militaires entrant à l'hôpital ou ayant obtenu une convalescence ou une permission pour maladie ou blessure ne résultant pas de l'exécution d'un service aérien. — Pour les militaires de cette catégorie, l'entrée à l'hôpital ou l'envoi en convalescence ou en permission, ne peut avoir pour résultat la cessation au droit de l'une des indemnités prescrites qui reste acquis dans tous les cas, durant la période pendant laquelle le militaire aurait reçu cette indemnité s'il était resté dans la formation à laquelle il appartient (1).

---

(1) *Premier exemple* : Un pilote qui a droit à l'indemnité de fonctions, n° 1 pendant le premier semestre 1917 entre à l'hôpital ou est mis en convalescence ou en permission le 1er mars 1917; ce militaire continue à percevoir l'indemnité précitée jusqu'au 1er juillet 1917; mais cette indemnité cesse d'être perçue à cette dernière date (application de l'article 2 de l'arrêté du 5 juillet 1912).

Deuxième exemple : Si le militaire visé à l'exemple n° 1 ci-dessus a accompli avant son entré à l'hôpital ou son envoi en permission ou en convalescence les épreuves aériennes qui donnent droit à l'indemnité de fonctions n° 1 pendant le second semestre 1917, cette indemnité lui est allouée pendant cette période et quelle que soit sa situation militaire (application de l'article 2 de l'arrêté du 5 juillet 1912), à condition toutefois qu'il continue à appartenir à l'Aéronautique Militaire.

Troisième exemple : Un élève pilote entre à l'hôpital ou est envoyé en convalescence ou en permission; il est payé de l'indemnité de fonctions spéciale n° 2 pendant la période qui reste à courir pour qu'il ait perçu cette indemnité pendant un an (article 16 de l'arrête du 5 juillet 1912).

N. B. — Dans tous les cas et notamment dans les trois exemples ci-dessus, l'indemnité de fonctions n° 1 ou n° 2 cesse d'être allouée du jour où le militaire cesse, pour une raison quelconque, de faire partie du personnel navigant (articles 11 et 16 de l'arrêté du 5 juillet 1912).

2° Militaires entrant à l'hôpital ou ayant obtenu une permission pour maladie ou blessure résultant de l'exécution d'un service aérien. — Par application des dispositions du premier alinéa de l'article 24 de l'arrêté du 5 juillet 1912, ces militaires continuent à percevoir l'indemnité de fonctions n° 1 ou n° 2 pendant tout leur séjour à l'hôpital, et, s'il y a lieu, pendant la durée de la convalescence ou de leur permission.

Toutefois, cette allocation cesse du jour où, pour une raison quelconque, le pilote, le mécanicien de dirigeable, l'élève pilote, l'observateur titulaire, le mitrailleur-bombardier breveté, l'observateur en ballon captif classé cesse de faire partie du personnel navigant.

3° Militaires envoyés en permission pour un motif autre que ceux énumérés aux paragraphes 1 et 2 ci-dessus. — Ces militaires continuent à percevoir l'une des deux indemnités précitées qui reste acquise dans tous les cas, durant la période pendant laquelle le militaire aurait reçu cette indemnité, s'il était resté dans la formation à laquelle il appartient. Cette indemnité cesse d'être allouée à partir de la date limite qui termine la période pour laquelle l'indemnité a été obtenue.

Cette allocation cesse également du jour où, pour une raison quelconque, le pilote, le mécanicien de dirigeable, l'élève pilote, l'observateur titulaire, le mitrailleur-bombardier breveté, l'observateur en ballon captif cesse de faire partie du personnel navigant.

B. — *Militaires ayant droit à l'indemnité de fonctions n° 2 (décret du 12 mai 1912) ou à l'indemnité de service extraordinaire (alinéa 2 de la circulaire du 30 mars 1915 B. O. P. F., page 197) pour une période non déterminée (observateurs stagiaires, mitrailleurs-bombardiers non brevetés).*

1° Militaires entrant à l'hôpital ou ayant obtenu une permission pour maladie ne résultant pas de l'exécution d'un service aérien ou d'un service commandé. — Ces militaires n'ont plus droit à l'une des indemnités précitées du jour de leur entrée à l'hôpital, de leur envoi en convalescence ou en permission.

2° Militaires entrant à l'hôpital ou ayant obtenu une convalescence ou une permission pour maladie ou blessure résultant de l'exécution d'un service aérien ou d'un service commandé. — Ces militaires continuent à percevoir l'indemnité de fonctions n° 2 ou l'indemnité de service extraordinaire pendant tout leur séjour à l'hôpital et, s'il y a lieu, pendant la durée de leur convalescence ou de leur permission.

Toutefois, cette allocation cesse du jour où, pour un motif quelconque, l'ayant droit cesse de faire partie du personnel navigant.

3· Militaires envoyés en permission pour un motif autre que ceux énumérés aux paragraphes 1 et 2 ci-dessus. — Ces militaire n'ont pas droit, pendant la durée de leur permission, à l'indemnité de fonctions numéro 2 ou l'indemnité de service extraordinaire.

C. — *Militaires ayant droit à la prime journalière de service aéronautique (article 2 du décret du 12 mai 1912) ou à l'indemnité de service extraordinaire (alinéa 1 de la circulaire du 30 mars 1915).*

Ces militaires perçoivent les allocations pour toutes les journées pendant lesquelles ils ont droit à la solde de présence et pour les journées d'hospitalisation, de convalescence ou de permission résultant d'une maladie ou d'une blessure contractée en service commandé.

Toutefois, ce droit est suspendu :

a) Pendant les punitions de prison ou de cellule.

b) Pendant une période fixée par le commandant de la formation ou de l'établissement auquel appartient le militaire dans le cas d'accident au matériel résultant d'une négligence ou d'une faute professionnelle grave de l'ayant-droit.

Ce droit cesse du jour où les militaires ne font plus partie du personnel des mécaniciens de l'aéronautique.

D. — *Militaires ayant droit à l'indemnité journalière de service aéronautique.*

Cette indemnité, qui est perçue pour les seules journées où les militaires ne faisant pas partie du personnel navigant exécutent un ou plusieurs vols en aéronefs (paragraphe C de l'article 2 du décret du 12 mai 1912), n'est jamais allouée pendant le séjour à l'hôpital ou pendant les convalescences ou les permissions.

E. — Sont abrogées les dispositions contenues dans la circulaire du 6 août 1917 (B. O., page 2129).

Les Insignes du Personnel navigant de l'Aéronautique Française

Insignes de Collet et Agrafes de Poitrine
Suppression des Brassards

Les insignes réservés au personnel navigant de l'Aéronautique Militaire (Aviation et Aérostation) se portaient naguère au collet (pilotes brevetés exclusivement) et sur un brassard fixé au bras droit (pilotes brevetés et observateurs).

Les insignes ailés portés sur le bras droit par le personnel non navigant des troupes de l'aéronautique ont été supprimés en novembre 1916 pour éviter des confusions avec le personnel navigant proprement dit. (1)

Les insignes représentés par les gravures ci-contre sont règlementaires depuis le 1er novembre 1916.

Depuis cette date, le personnel navigant porte donc uniquement, au collet et sur la poitrine, les insigne suivants :

A) Au collet (exclusivement réservés au personnel désigné ci-après) :

---

(1) Ces confusions amenèrent parfois des escroqueries ou des abus. Il me sera permis de rappeler à ce sujet une historiette qui fut une des causes de la création des nouveaux insignes.

Un soir de l'année 1915 que le général Hirschauer dînait avec son fils, dans un restaurant aux environs de la gare Saint-Lazare, il aperçut un vieux chef d'escadrons, dont le bras gauche était orné d'une superbe aile déployée, tout en or, insigne des pilotes aviateurs militaires.

Surpris, le général s'adressant poliment au chef d'escadrons, s'excusa de ne pas reconnaître l'un de ses officiers pilotes (car il les connaissait tous à cette époque). « Je suis chef d'un groupe d'autos-canon contre les aéronefs, près Paris », répondit notre commandant.

Le général ayant décidé de mettre ordre à cet abus des ailes réservées aux pilotes, je fus chargé en septembre 1915, par la Direction de l'Aéronautique de l'étude des nouveaux insignes ; avec le concours du capitaine de Lafargue je soumettais des dessins qui furent adoptés.

Mais entre temps, M. Besnard arriva au Sous-Secrétariat d'Etat de l'Aéronautique et décida que l'exécution des insignes seraient confiée à la Monnaie et non au graveur professionnel que j'avais choisi.

On a adopté mes projets. Mais si l'on avait compris le sens artistique des croquis par moi remis, la Monnaie aurait pu faire plus esthétique ; et pourtant il lui a fallu *une année* pour exécuter les modèles !!!. J'ajoute que ces insignes ont coûté la bagatelle de 28.000 francs. — G. Le G.

INSIGNES AU COLLET

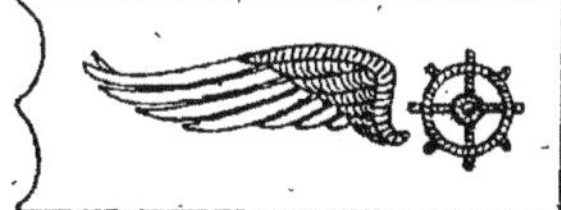

Pilote de ballon dirigeable — Pilote Aviateur

Les Mécaniciens portent une grenade ailée

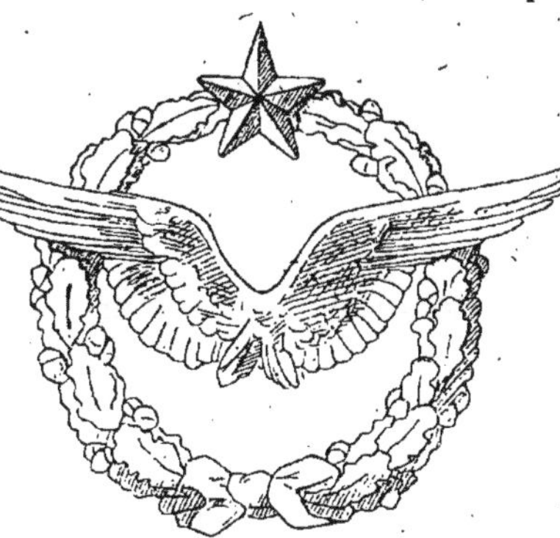

Fig. 1

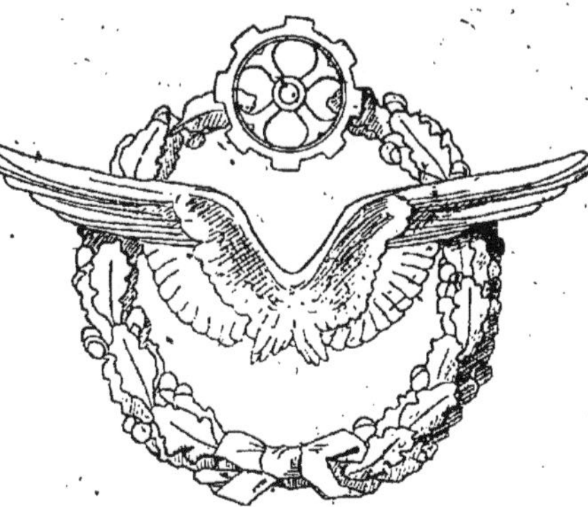

Fig. 2

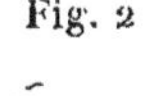

Fig. 3

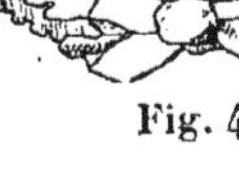

Fig. 4

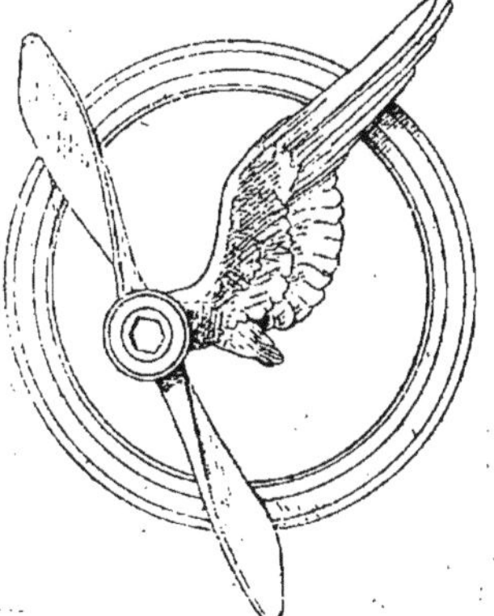

Fig. 5

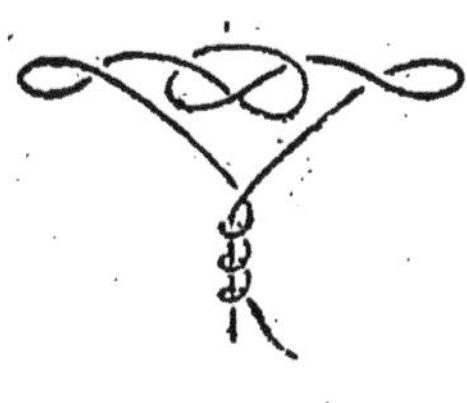

Mécanicien chevron or des brevetés — Cordier, tailleur, etc.

Insignes de Spécialistes portés au bras gauche

L'étoile ailée, pilotes titulaires du brevet d'aviateur militaire;

La roue ailée, pilotes titulaires du brevet de pilote de ballon dirigeable ;

La grenade ailée, mécaniciens titulaires du brevet de mécanicien de ballon dirigeable.

Ces insignes (brodés sur écusson : orange pour l'aviation ; noir pour l'aérostation), sont portés pendant tout le temps où les intéressés restent affectés à l'Aéronautique Militaire, même s'ils cessent de faire partie du personnel navigant.

B) Sur le côté droit de la poitrine (identiques pour les militaires de tous grades) :

1. Insigne de pilote breveté aviateur militaire : agrafe figurant deux ailes accolées dont le point de réunion est entouré d'une couronne de feuilles de chêne fermée en haut par une étoile (couronne argent, ailes et étoile or). (Fig. 1).

2. Insigne de pilote breveté de ballon dirigeable : agrafe figurant deux ailes accolées dont le point de réunion est entouré d'une couronne de chêne formé en haut par une roue dentée (couronne argent, ailes et roue dentée or). (Fig. 2).

3. Insigne d'élève-pilote aviateur et d'observateur en avion : agrafe figurant une aile terminée par une étoile entourée d'une couronne de feuilles de chêne (couronne argent, aile or et étoile argent pour les observateurs ; motif tout argent pour les élèves-pilotes). (Fig. 3).

4. Insigne d'élève-pilote de ballon dirigeable, de mécanicien de dirigeable et d'observateurs en ballon dirigeable, ballon captif ou cerf-volant : agrafe figurant une aile terminée par une roue dentée entourée d'une couronne de feuilles de chêne (couronne argent, aile or, roue dentée argent pour les observateurs et les mécaniciens ; motif tout argent pour les élèves-pilotes). (Fig. 4).

5. Insigne du personnel d'équipage d'avion ou de ballon dirigeable (bombardiers-mitrailleurs, canonniers, photographes, mécaniciens, etc.) : agrafe figurant une aile terminée par une hélice entourée d'une couronne unie, motif tout argent. (Fig. 5).

Ces insignes mobiles sont portés en permanence, mais seulement pendant le temps où le personnel intéressé fait partie du personnel navigant de l'Aéronautique. Ce droit prend fin le jour où le personnel en question cesse d'appartenir au personnel navigant, même s'il est maintenu, à un autre titre, dans le service de l'Aéronautique.

***

Les titulaires de plusieurs brevets portent les insignes du brevet au titre duquel ils reçoivent l'indemnité de fonctions.

***

Le personnel non navigant (mécaniciens, cordiers, tailleurs, etc.), porte l'insigne de spécialité au bras gauche.

Les mécaniciens brevetés portent un chevron or.

***

Le port du brassard avec hélice ou ancre ailée, antérieurement porté sur le bras droit, est définitivement interdit, non seulement pour le personnel navigant, mais aussi pour tout le personnel de tous grades et de toutes catégories servant à un titre quelconque dans l'aéronautique.

Les officiers, sous-officiers, employés militaires, caporaux ou soldats, n'ayant aucun brevet de l'aéronautique et servant dans ce dernier service, à quelque titre que ce soit, portent le chiffre ou la grenade au collet.

Il n'existe donc plus aucun insigne ailé réglementaire qui se porte brodé sur l'une ou l'autre manche. Tout insigne de cette nature doit être considéré comme étant de pure fantaisie, et ne signifie nullement que le militaire qui se l'est attribué **ait un emploi quelconque** dans l'Aéronautique Militaire. (On peut même en déduire, en principe, qu'il n'en fait pas partie).

***

Insignes mobiles de l'Aviation pour les Alliés.

(24 juillet 1918).

Ont droit au port de l'insigne mobile du personnel navigant, les militaires des nations alliées ayant reçu dans une école d'aviation française, l'un des brevets accordés au personnel navigant de l'aéronautique, à condition qu'ils soient affectés à des unités combattantes de l'aéronautique française.

Les demandes d'insignes, faites à l'arrivée dans les formations combattantes, devront être transmises par les soins des commandants des dites formations.

Le droit au port de l'insigne prendra fin le jour où les intéressés cesseront d'être affectés à une unité combattante française, et dans tous les cas, le jour où ils cesseront de faire partie du personnel navigant.

Les insignes devront être rendus, sans aucune exception, aux commandants d'unités et renvoyés à l'autorité qui les a délivrés.

L'Insigne de l'Aviation Britannique

L'Aviation britannique, Pilotes, Mécaniciens, Bombardiers, Observateurs, etc. (y compris l'Aviation Maritime), n'a qu'un seul insigne qui se porte à la casquette, au dessus de la visière.

L'insigne brodé or, comporte un oiseau aux ailes déployées, au dessous duquel se trouve deux doubles palmes, le tout surmonté de la couronne royale.

Airnats !

Airnats! Un joli mot clair, léger et net. C'est le surnom que les Aviateurs « yanks » viennent de choisir pour désigner le corps ailé de l'armée Américaine. Le choix a été fait au concours la semaine dernière, après un laborieux scrutin, organisé par le Journal de l'Aviation, *au camp de X..., le « Plane-Neuvs ». Un prix de cent francs était attribué à la meilleure dénomination. Plusieurs noms très tentants avaient été proposés : Les Fils du ciel, les Aigles, les Alouettes, les Gratteurs de nuage, les Hommes de l'air, etc. « Airnats » donné par le sergent du 665 th Aero squador, a remporté tous les suffrages. Le mot n'a d'ailleurs aucune signification précise ; c'est une abréviation d' « Aeronauts » et cela se prononce en français* airnette. *Tel qu'il est, il est très vivant, et nos amis comptent que le kaiser l'apprendra bientôt à ses dépens.*

(« Le Matin », du 25 Août 1918).

Les Insignes de l'Aviation Américaine

Les Officiers de l'Aviation qui sont Pilotes-Aviateurs Militaires doivent porter un insigne sur le côté gauche de la poitrine.

Cet insigne, brodé, en argent, sur fond bleu, se compose d'un écusson étoilé entre deux ailes.

L'écusson porte les lettres U. S. brodé en or. La largeur de

l'insigne prise à l'extrémité des ailes est de 0,076. Les Elèves-Pilotes portent également le même insigne au côté gauche, mais avec l'aile droite en moins. Les hommes du service d'aviation portent une sorte d'épaulette bleu marine, cousue en haut de la manche et sur laquelle seront brodées, en blanc, une hélice à quatre pales et au-dessus le numéro de l'escadrille à laquelle l'homme appartient.

Même insigne pour les Mécaniciens d'avions mais avec un cercle blanc brodé, entourant l'hélice.

Enfin, tout Aviateur engagé porte un insigne composé d'une hélice à quatre pales, entre deux ailes, avec le numéro de l'escadrille au-dessus de l'hélice.

Le tout brodé en blanc, sur fond bleu.

Services de l'Aviation Américaine, 45, avenue Montaigne, Paris.

L'Insigne de l'Aviation Belge

Seuls, les Pilotes-Aviateurs brevetés militaires et observateurs en fonctions dans les escadrilles, portent cet insigne brodé en or; règlementairement il doit exister sur les deux manches, mais généralement on ne le porte que sur la manche gauche.

L'Aviation Belge pas d'insignes spéciaux pour les bombardiers, mitrailleurs, mécaniciens, etc.

Services de l'Aviation Belge, 29, rue de Monceau, Paris.

Les Insignes de l'Aviation Italienne

Insigne distinctif du Corps Aéronautique. — N.-B. — Pour les Militaires des Sections d'Aviation, le dirigeable est remplacé par un petit moteur avec hélice.

Le corps Aéronautique Militaire Italien comprend un ensemble de quinze insignes différents qui se portent tous sur le bras gauche.

Nous donnons ci-contre, les dessins *réduits* des neuf insignes les plus importants.

En plus de ceux-ci, on compte les insignes suivants pour :

Officiers Aviateurs munis du premier brevet de pilote, (*le même motif que le premier des dessins ci-dessous, la couronne royale en moins*).

Officiers d'Infanterie Commandants des Services d'Aviation, (*deux carabines croisées derrière un cercle au milieu duquel se trouve un petit moteur avec grande hélice, placée transversalement, le tout surmonté de la couronne royale*).

N. B. — Pour les Officiers Commandants de dirigeables ou d'aérostats, le petit moteur à hélice est remplacé par un profil de dirigeable.

Menuisiers Monteurs du Bataillon d'Aviation, (*une hélice formant croix de Saint-André avec une hache*).

Officiers de bord, Commandants en second et Commandants de dirigeables, (*respectivement sans couronne — avec couronne en argent — avec couronne en or, qui surmonte deux ailes au milieu desquelles sont deux ancres croisées et retenues par une corde*).

Sous-Officiers et hommes de troupe, timoniers de dirigeables, (*deux ailes avec roue dentée au milieu*).

Officiers Pilotes de ballon sphérique, (*deux ailes en or et au milieu une ancre autour de laquelle est enroulée une corde en argent*).

Officiers Aviateurs — Pilotes Militaires
(2e brevet)

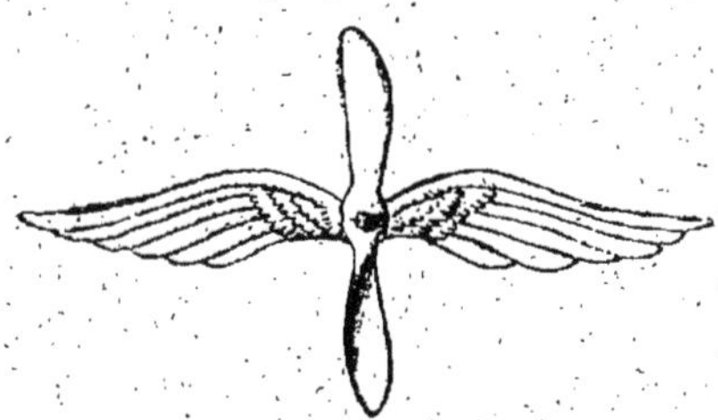

Sous-Officiers et hommes de troupe,
Pilotes et Élèves Pilotes-Aviateurs

Officiers Observateurs en Aéroplane

Soldats Mitrailleurs d'Aéroplanes

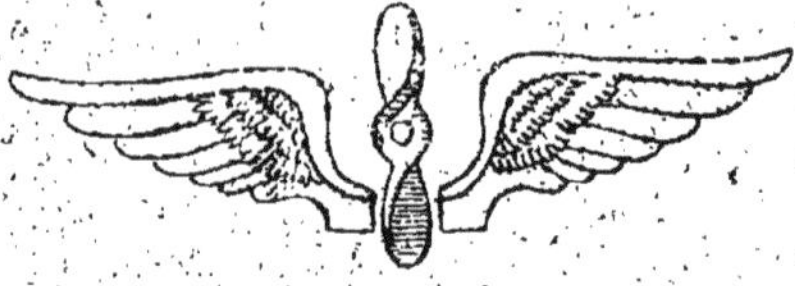

Sous-Officiers et hommes de troupe Mécaniciens, et Mécaniciens de moteurs de dirigeables

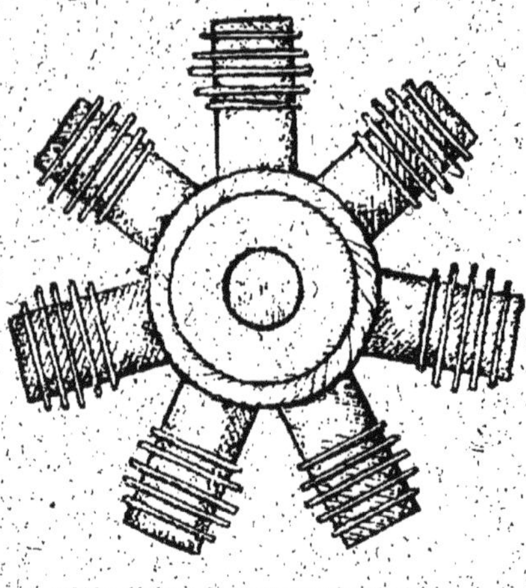

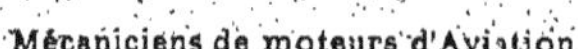

Mécaniciens de moteurs d'Aviation

Observateurs en Ballon Dragon (Saucisse)

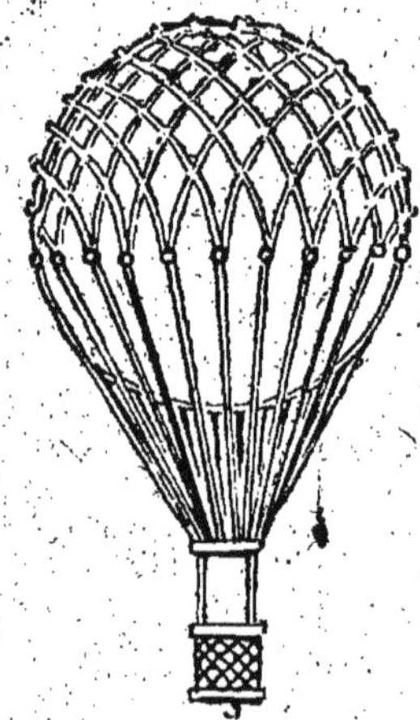

Hommes de troupe du Bataillon Aérostier

Services de l'Aviation Italienne, 40, rue François-Ier. Paris.

L'Aéronautique Militaire *comprend* :

1° **Aérostats (ballons libres ou Sphériques)**

2° **Aéronats (dirigeables ou Aéronefs)**

3° **Avions (aéroplanes mono ou polyplans)**

Les victoires de nos "AS"

Lieutenant FONCK	69	Lieut. HUGUES	12
Lieut. NUNGESSER	43	Capitaine LEPS	12
Lieutenant MADON	41	S.-Lt TARASCON	12
S.-Lt COIFFARD (28 drachens)	34	Capit. DE SEVIN	12
Capit. PINSARD	27	S.-Lieut. BOUYER	12
S.-Lt BOURJADE (21 drachens)	24	S.-Lt DALADIER	11
S.-Lt HAEGELEN	22	S.-Lt HÉRISSON	11
Capit. HEURTAUX	21	Lieut. ORTOLI	11
Capit. DEULLIN	20	S.-Lt MAUNOURY	11
Adj. MARINOVITCH	20	S.-Lt NOVILLE	11
Capit. DE SLADE	19	Adj. BERTHELOT	11
S.-Lt DE ROMANET	16	S.-Lt HERBELIN	10
Cap. DE TURENNE	15	S.-Lieut. CASALE	10
Lieut. SARDIER	14	Capit. LAHOULLE	10
Cap. D'ARGUEEFF	14	Adj. ARTIGAUT	10
S.-Lt AMBROGI	14	S.-Lt WADDINGTON	10
Adj. GARAUD	13	S.-Lt BOZON-VERDURA	10
S.-Lieut. NOGUÈS	13	S.-Lt CONDEMINE	10
S.-Lt NAVARRE	12	S.-Lt GUYON	10
S.-Lieut. JAILLER	12	Adj. MACÉ	10

DISPARUS

Capit. GUYNEMER	53
S.-Lieut. BOYAU (20 drachens)	35
S.-Lieut. DORME	23
Lieut. GUERIN	23
Adj. EHRLICH (18 drachens)	19
Lieut. CHAPUT	16
Maj. LUFBERY (Américain)	16
S.-Lt DEMEULDRE	13
S.-Lt BAYLIES (Américain)	12
Lieut. PUTNAM (Américain)	12
Adj. LENOIR	11
Adj. MONTRION	11
S.-Lieut. QUETTE	10

As des "AS" des autres Pays

Anglais : Major BISHOP	72
Disparu : Cap. MANNOCK	48
Belges : Lieut. Willy COPPENS (34 drachens)	36
Disparu : Lieut. THIEFFRY	10
Russes : Capitaine KOSAKOW	17
Disparu : Cap. KROUTENN	6
Italiens : S.-Lt BARACCHINI	31
Disparu : Maj. BARACCA	34
Roumains : S.-Lieut. SUK	7

ENNEMIS

Allemands : Lieut. UDET	60
Disparu : Cte Von RICHTHOFEN	80
Autrichiens : Cte BRUMOWSKY	34
Disparu : Cte LINKE-CRAWFORD	27
Bulgares : S.-Of. FISELLER	17
Disparu : Lt Von ESCHWEGE	20
Turcs : Capitaine SCHUTZ	11

Renseignements fournis par "*La Guerre Aérienne*" (23 Octobre 1918.)

L'AÉRO-CLUB DE FRANCE

35, Rue François-1er -1-. Paris

Teléph. : Passy 25-61 et 66-21

Aé C. F.

L'Aéro-Club de France, fondé le 28 Octobre 1898, a été déclaré d'utilité publique dès le 20 Avril 1909. L'Aéro-Club de France a pour but d'encourager la Locomotion Aérienne sous toutes ses formes : appareils d'aviation, ballons dirigeables, ballons sphériques, et dans toutes ses applications, sportives, scientifiques, industrielles et militaires.

Dans ce but, sans négliger les épreuves d'un caractère technique, l'Aéro-Club s'est efforcé de faire bénéficier l'Aéronautique du puissant stimulant de l'idée sportive en instituant des concours, des courses, des coupes dont les conditions variées provoquent la recherche de progrès souhaitables dans les engins, où tendent à développer les qualités personnelles des pilotes. Depuis 1898 le montant total des donations en espèces affectées à ces épreuves de toute nature a dépassé trois millions.

Dans le même ordre d'idées, l'Aéro-Club de France a créé successivement les brevets de pilote aéronaute, de pilote de dirigeable et de pilote aviateur.

Entrepris à une époque où la Locomotion Aérienne était absolument méconnue et où il fallait lutter contre l'incompréhension presque générale, l'effort de l'Aéro-Club n'en a été que plus méritoire. Son rôle à l'origine du merveilleux mouvement aéronautique contemporain a été capital et décisif : il demeure prépondérant de beaucoup, parce que, fidèle à l'esprit qui présidait à sa fondation, l'Aéro-Club de France ne se borne pas à encourager le progrès de l'Aéronautique, mais continue à grouper ses meilleurs artisans : praticiens et sportmens, ingénieurs et savants.

C'est ainsi qu'en dehors de son œuvre d'encouragement sportif et technique, l'Aéro-Club est intervenu utilement dans les diverses questions si importantes qu'a fait naître le développement même de la Locomotion Aérienne : tourisme aérien et champs d'atterrissage, concours à prêter à l'Aéronautique militaire, établissement de la Carte de France spécialement étudiée pour les besoins des divers navigateurs aériens, etc.

En résumant, bien incomplètement l'œuvre poursuivie depuis vingt ans par l'Aéro-Club de France, on peut dire, sans exagérer, que son action a été décisive sur le développement prodigieux de l'aviation avant la guerre.

Depuis le début des hostilités, l'Aéro-Club s'est préoccupé notamment : d'apporter son concours à l'aviation militaire, de marquer sa gratitude et son admiration à nos soldats de l'air et de leur venir en aide matériellement.

Insignes des Avions

Sur les avions militaires et maritimes des Alliés : aux ailes des cocardes tricolores ou étoile dans un cercle et bandes tricolores aux gouvernails de direction.

FRANCE

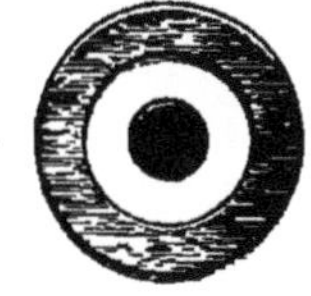
ANGLETERRE

BELGIQUE

Ancienne

Nouvelle

ÉTATS-UNIS

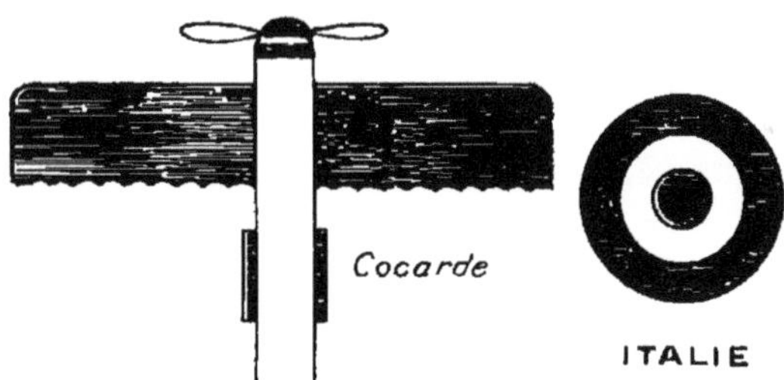

ITALIE

Anciennes

Nouvelle

ALLEMAGNE

Sur les avions allemands : des " Croix de Fer " noires sur fond blanc (carré ou rond) ou avec bordure blanche, sont peintes dessus et dessous les ailes et sur les côtés du gouvernail de direction et du fuselage.

Sur les avions et les hydravions de la marine allemande, en plus de la Croix, une banderolle rouge flottant en arrière du plan inférieur.

[illegible]ONS

[illegible]EGUET

[illegible]é L. BREGUET

[illegible]

VÉLIZY

(Seine-et-Oise)

[illegible]OPLANES

[illegible]EUPORT

Issy-les-Moulineaux

Tous Français ! !

Le premier homme qui ait fait une ascension aérienne (*Montgolfière* captive).

PILATRE de ROZIER

le 17 Octobre 1783.

Le premier voyage aérien (*Montgolfière*)

PILATRE DE ROZIER et le Marquis d'ARLANDES

de Paris à la Butte aux Cailles, le 21 Novembre 1783.

Le premier voyage dans un *Ballon gonflé à l'hydrogène*

CHARLES et l'un des Frères ROBERT

des Tuileries à la prairie de Nesles, près d'Hédouville, le 1er Décembre 1783.

La première expérience en *parachute*

Sébastien LENORMAND

se jette du haut de la grande Tour de l'Observatoire de Montpellier, Décembre 1783.

La première descente en *Parachute abandonné d'un aérostat*

Jacques GARNERIN

au Parc Monceau, le 22 Octobre 1797.

La première expérience de *Ballon dirigeable*

Henri GIFFARD

Départ de l'Hippodrome, atterrissage dans la commune d'Elancourt, près Trappes, le 24 Septembre 1852.

Le premier *Dirigeable rigide* a été conçu par

J. SPIESS

Brevet du 15 Décembre 1873.

Le *premier voyage* en circuit fermé effectué, en *Dirigeable*

Capitaine Charles RENARD et Capitaine KREBS

à bord de "La France", Chalais Meudon-Villacoublay-Chalais Meudon le 9 Août 1884.

Première expérience de *Ballon sonde* dans les hautes régions de l'atmosphère

Lancer par HERMITE et Georges BESANÇON

16,000 mètres d'altitude, le 21 Mars 1893.

Le premier homme qui *ait volé*

C. ADER (1)

avec "L'Avion" (2), *le 14 Octobre 1897.*

Le premier *kilomètre* bouclé en *Avion*

Henri FARMAN

à Issy-les-Moulineaux, le 13 Janvier 1908.

Le premier voyage *à travers la campagne en Avion*

Louis BLÉRIOT

de Toury à Arthenay, le 13 Juillet 1909.

Le premier homme qui ait *traversé les mers en Avion* (3)

Louis BLÉRIOT

de Calais à Douvres, le 25 Juillet 1909.

Le premier aviateur qui ait exécuté le *"Looping the loop"*

Adolphe PÉGOUD

à Buc, le 21 Septembre 1913.

---

(1) En 1890, à Gretz-Armanvilliers, C. Ader, réussit à s'élever du sol. (Voir "Les Maîtres de l'Air" *Ader*, par Jacques May. — 1910).

(2 et 3) Figure au Conservatoire des Arts-et-Métiers, à Paris.

L'EMAILLITE
tend, lisse, imperméabilise,
renforce et ignifuge les tissus
ENDUITS ininflammables
Dits Emaillites pyrophage
ENDUITS colorés
EMAILLITE
22, Rue Perrier, 22 :: LEVALLOIS-PERRET :: Tél. WAGRAM 86-36
Fournisseur
de la Guerre
et de la Marine
Françaises
et de tous les Ministères
de la Guerre Alliés
FEUILLE
D'EMAILLITE
souple et transparente

L'AÉROPHILE

[illegible] battus par

le D. N. F.

(Novembre [illegible])

[illegible] *avec pilote*

[illegible] et 6 passagers.

[illegible] *fermé avec pilote*

[illegible] et 6 passagers.

[illegible] et [illegible] 6 passagers.

[illegible] *pilote* et [illegible] passagers.

[illegible] et [illegible] 10 et 15 passagers.

[illegible] *fermé avec pilote*

et [illegible] 10 et 15 passagers.

[illegible] *pilote* et [illegible] 6 passagers.

[illegible] *total de* [illegible] *Records battus.*

[illegible] n'ont pas été homologués par l'Aé. C. F.

[illegible] conformément à l'interdiction

[illegible] la Guerre pendant la durée des hostilités.

[illegible] a été construit par MM. Niepce et Fetterer, [illegible]

[illegible] du Point du Jour, à Billancourt sur Seine.

RAVIONS F.B.A.

...IS SCHRECK

...SSEUR DES GOUVERNEMENTS

...RANÇAIS & ALLIÉS

USINE ET BUREAUX

à Argenteuil (S.-et-O.)

Quai de Seine

Teleph. Argenteuil 19[illegible]

Le premier Homme
qui ait volé C. ADER
sur "l'Avion"(1) le 14 Octobre 1897

Les Maîtres de l'Aviation

C. ADER

par Jacques MAY (2)

... M. Jacques May produit, en faveur d'Ader, quelques témoignages inédits et impressionnants. A tout le moins, son petit livre montre le labeur actionné d'un homme qui, pour réaliser le rêve de toute sa vie, n'hésita pas à sacrifier le meilleur de son temps et la totalité d'une fortune qu'il devait tout entière à la fécondité d'un magnifique génie d'invention.

Préface de R. SOREAU

Président de la Commission d'Aviation de l'Aé C. F.

... Désormais la Défense Nationale ne deviendra effective que par le concours de l'Aviation... L'heure est solennelle : toute l'Europe va armer aériennement, n'hésitez plus !...

Lettre de C. Ader au Président de la République, le 12 Octobre 1908.

(1) Figure au Conservatoire des Arts-et-Métiers.
(2) Librairie Aéronautique, 32, rue Madame. Paris.

Les Armées Aériennes Modernes

par le Lieutenant de Vaisseau **Charles LAFONT**

Les prouesses de notre aviation au cours de cette terrible guerre enthousiasment le cœur de tous les Français.

Sous le titre les *Armées aériennes modernes*, un officier spécialiste des questions aéronautiques, le lieutenant de vaisseau Lafont, lauréat de l'Institut, étudie les grands événements qui se sont passés dans le domaine de l'air avant et pendant la guerre.

On conçoit nettement, à la lecture de cet intéressant volume, pourquoi les Allemands, qui songeaient depuis longtemps à attaquer les côtes anglaises, se sont obstinés, malgré tous les mécomptes, à construire des dirigeables, seuls aéronefs à *très grand rayon d'action* à l'époque actuelle.

L'*avion-croiseur*, à capacité de transport comparable à celle des dirigeables, ne tardera sans doute pas à voir le jour, ainsi que le fait espérer l'auteur.

En attendant, nos avions de chasse et de reconnaissance font de la bonne besogne, ainsi que le lecteur s'en rendra compte.

*
* *

Les Armées aériennes modernes, forme un beau volume illustré, en vente au prix de 4 francs, à la *Librairie Militaire* Charles LAVAUZELLE, 124, boulevard Saint-Germain, Paris.

LIGUE AÉRONAUTIQUE DE FRANCE

(Association Générale Aéronautique. Comité National pour l'Aviation Militaire. Ligue Nationale Aérienne, réunis

*Sous le Patronage de l'***Aéro-Club de France**

35, Rue François-Ier, PARIS (8e arrond^{t})

Téléphone : **Passy 25-61 et 66-21**

L. Aé F.

La *Ligue Aéronautique de France* a pour objet d'encourager par tous les moyens utiles, le développement de l'Aviation en France et aux Colonies, de poursuivre toutes créations nécessaires à la réalisation de ce but : stations d'atterrissages, cours, bourses d'apprentissage de pilote, organisation de conférences, publication de plans et cartes, etc.

Bien que ce programme du temps de paix, ait dû être retardé, par suite de la mobilisation, la *Ligue Aéronautique de France* a toujours apporté son concours le plus dévoué à notre Aéronautique Militaire, toutes les fois qu'il lui a été donné de le faire.

C'est ainsi que la *Ligue Aéronautique de France* persuadée de l'utilité des bombardements aériens à longue distance et convaincue de leur haute conséquence matérielle et morale, a créé, dès 1915, sous forme d'une plaquette en argent, un prix d'honneur qui est attribué à titre d'encouragement aux pilotes, pointeurs, observateurs-bombardiers.

De même, pénétrée de l'importance, au point de vue de leur enseignement technique, des Ecoles et Centres d'Aviation répartis sur le territoire, elle a créé, de concert avec l'autorité militaire, un prix qui consiste en une plaquette argent ou bronze, dont quarante-cinq exemplaires sont depuis 1916, décernés chaque mois, par les soins de son Comité Exécutif, aux Elèves ayant fréquenté les cours de ces Ecoles et choisis parmi les plus méritants.

D'autre part, par suite de dons généreux, nos merveilleux aviateurs du front ont bénéficié par son intermédiaire, de nombreux envois de vêtements chauds.

Enfin, la caisse de secours de l'Aéronautique, fondée, dès 1912, par l'intelligente initiative de l'*Aéro Club de France* et de l'*Association Générale Aéronautique*, a apporté, au cours de cette terrible guerre, un réel soulagement aux misères les plus dignes, les plus discrètes et les plus touchantes de nos admirables soldats de l'air ou de leur famille.

La *Ligue Aéronautique de France* publie un Bulletin illustré et délivre une carte d'identité.

Pour adhérer, demander statuts et tous renseignements au Siège : 35, rue François-Ier, Paris (8e Arr.).

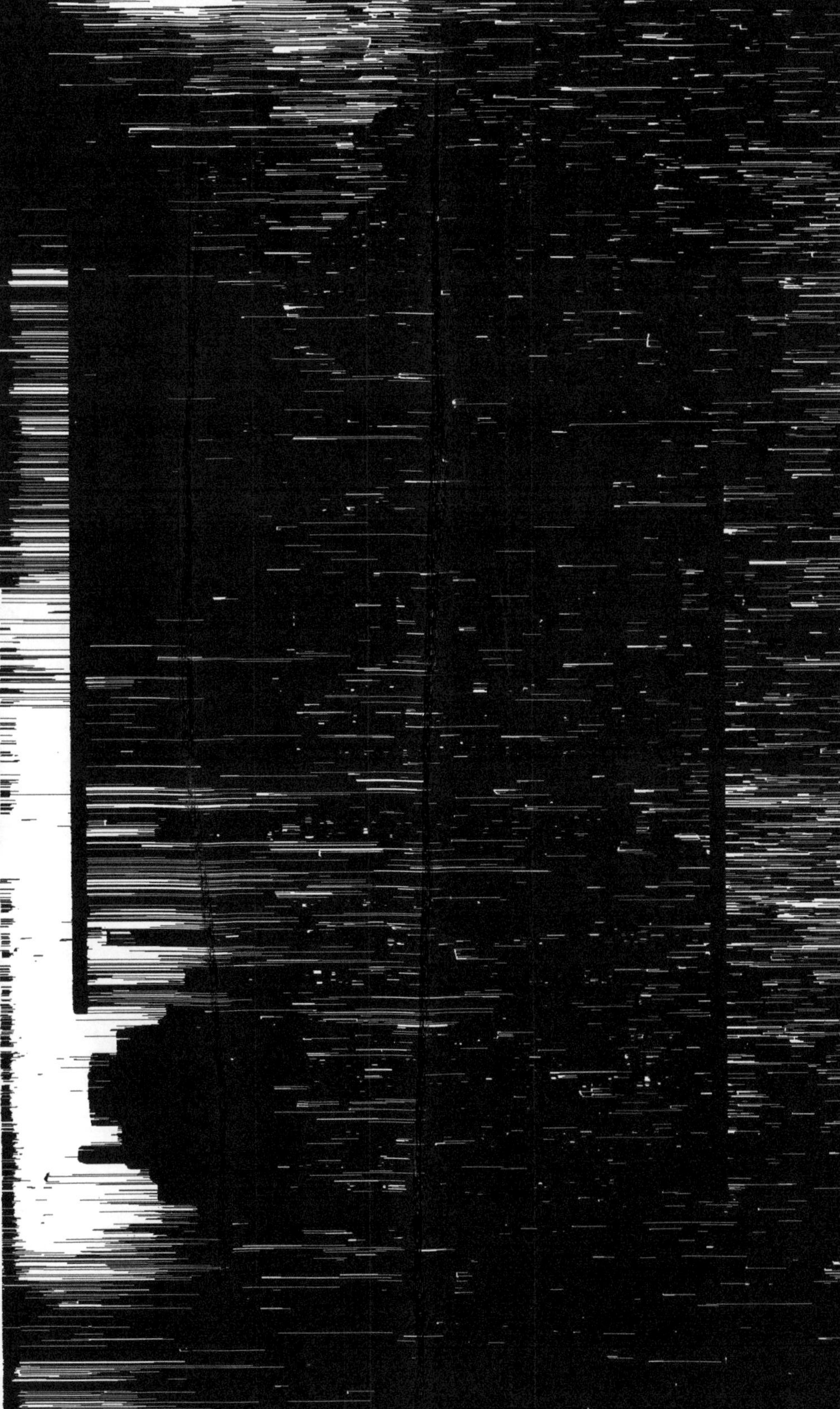

BIBLIOTHEQUE NATIONALE DE FRANCE
3 7531 01360923 6

www.ingramcontent.com/pod-product-compliance
Ingram Content Group UK Ltd.
Pitfield, Milton Keynes, MK11 3LW, UK
UKHW020413230726
13925UKWH00004B/1407